KATAPULT

KNICKER

Karten, die de knicken kannst

N°28 | JULI-SEPTEMBER 2025 | 7,30 €

Die erfolgreichsten New-Adult-Bücher

mit A1-Poster: TOP 100 New Adult Romane

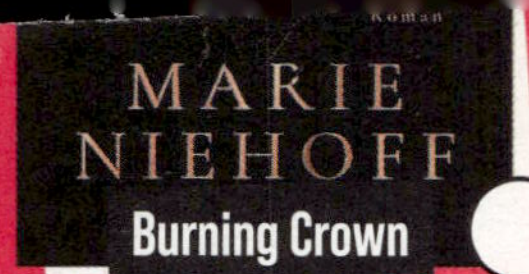

Burning Crown
Marie Niehoff

Vielleicht nie
Carolin Wahl

WiccaCreed Schuld & Sünde
Marah Woolf

Easton High 1: Dear Love I Hate You
Eliah Greenwood

Kingdom of the Wicked - Die Königin der Hölle
Kerri Maniscalco

86 42.593

Deep End - Die unausweichliche Unanständigkeit von Liebe
Ali Hazelwood

87 42.579

A Place to Love
Lilly Lucas

88 42.145

Fake Dates and Fireworks
Kyra Groh

89 42.110

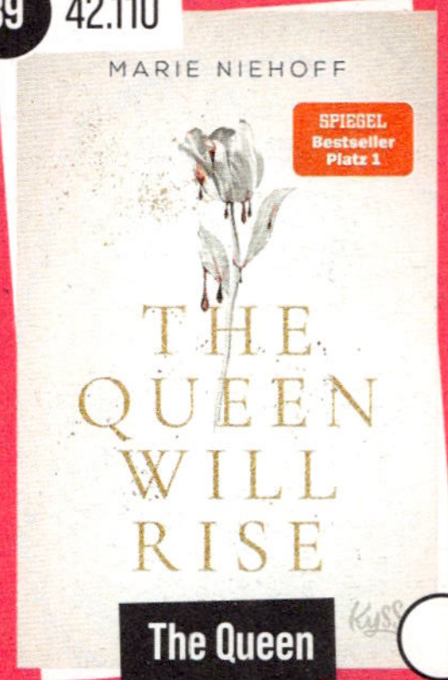

The Queen Will Rise
Marie Niehoff

90 41.775

Das irrationale Vorkommnis der Liebe
Ali Hazelwood

96 39.548

Beloved Villain
D.C. Odesza

97 39.393 !

Zerbrich uns. Nicht.
Laura Kneidl

98 38.115 !

The Deal - Reine Verhandlungssache
Elle Kennedy

99 37.774

Things We Hide
Lucy Score

100 37.503

Kingdom of the Wicked - Die Göttin der Rache
Kerri Maniscalco

…anhand der Warengruppe *New Adult*, inklusive New-Adult-Werken, die als Gesellschaftsroman klassifiziert sind; Daten: Metis | S. 7: tiktok.com

…DULT-ROMANE

…rkaufter Stückzahl, 2020 bis Juni 2025

6 290.091

Für immer ein Teil von dir
Colleen Hoover

7 274.417

Iron Flame
Rebecca Yarros

8 268.472

Save Us
Mona Kasten

9 261.967

Fourth Wing
Rebecca Yarros

10 237.705

It starts with us
Colleen Hoover

16 164.386

17 163.599

18 162.377

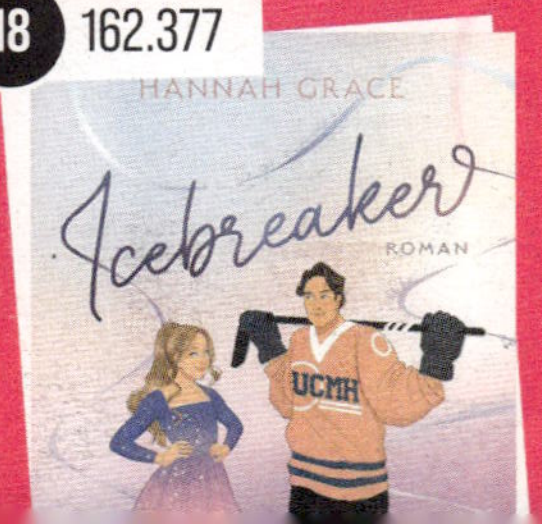

19 132.180

20 131.652

tur stellen kann. ▼

Sarah Lippasson & Carolin Reif

verbunden mit prickelnden Missverst…
Beispiel: *The Love Deal* von Annabelle Stehl

4. Friends to Lovers

Eine langjährige Freundschaft entwickelt sich langsam zu romantischer Liebe. Wenig Drama, dafür viel Emotion, Vertrauen und sanfte Annäherung. Oft ruhiger als andere Tropes, aber sehr berührend. Beispiel: *Der letzte erste Kuss* von Bianca Iosivoni

5. Forced Proximity

Zwei Menschen sind gezwungen, sich über längere Zeit nahe zu sein – etwa durch eine WG, ein Projekt oder ein Hotelzimmer. Nähe erzeugt Spannung, besonders wenn Gefühle unerwünscht sind. Klassiker in Romance, Rom Com und Romantasy. Beispiel: *Someone New* von Laura Kneidl

6. Second Chance

Zwei Menschen, die sich bereits geliebt (oder verloren) haben, treffen erneut aufeinander. Thema: Reife, Verarbeitung von Vergangenheit, neues Vertrauen. Funktioniert emotional stark bei älteren Zielgruppen oder ernsteren Settings. Beispiel: *With(out) You* von Maike Voß

7. Forbidden Love

Eine Liebe, die gesellschaftlich, moralisch oder persönlich nicht sein darf. Erzeugt hohes emotionales Konfliktpotenzial und starke Leserbindung. Häufig in Mafia Romance, Lehrer-Schüler-Szenarien oder Familiendramen. Beispiel: *Fourth Wing* von Rebecca Yarros

8. Slow Burn

Die Beziehung entwickelt sich über viele Seiten oder sogar Bände hinweg. Viel emotionale Spannung, Zurückhaltung, innere Konflikte. Leser:innen lieben die Belohnung nach langem Aufbau. Beispiel: *A Whisper of Stars* von Tami Fischer

9. Opposites Attract

Gegensätzliche Figuren (reich/arm, laut/leise, kreativ/rational) ziehen sich an. Konflikte durch unterschiedliche Werte oder Lebensstile. Ideal für Charakterentwicklung und gesellschaftliche Kontraste. Beispiel: *Love is Loud* von Kathinka Engel

10. Marriage of Convenience

Eine arrangierte Ehe entwickelt sich zu echter Liebe. Beispiel: *A Spring to Hope* von Morgane Moncomble

PROBLEMATISCHE TROPES ⚠

Einige Tropes in der Romance-Literatur sind nicht nur Flucht aus dem Alltag, sondern verfestigen toxische Beziehungsmuster und romantisieren Gewalt. Besonders im populären Subgenre Dark Romance werden patriarchale Strukturen oft unreflektiert inszeniert. Hier ein Überblick über eher problematische Tropes.

Stalker Romance
Romantisierung von Stalking-Verhalten: Wenn einer Figur nachgestellt wird und das als »Leidenschaft« oder »wahre Liebe« dargestellt wird.

Mafia Romance
Protagonist:innen in kriminellen Organisationen (Mafia, Kartelle), die romantisiert oder verharmlost werden.

Dubious Consent / Rape to Love
Szenen ohne eindeutige Zustimmung oder sogar mit sexueller Gewalt, die später als »Liebe« verkauft wird.

Teacher-Student / Power Imbalance
Romantisierung von ungleichen Machtverhältnissen, zum Beispiel Lehrer-Schüler oder Boss-Angestellte.

Billionaire Romance mit toxischer Männlichkeit
Superreiche, kontrollierende Männer, die Frauen »retten« oder besitzen wollen.

Bully Romance / »Bad Boy« wird romantisiert
Ein männlicher Protagonist, der die weibliche Hauptfigur schikaniert oder emotional verletzt, wird letztlich als romantischer Held dargestellt.

Painful Virgin Sex
Die Darstellung des ersten sexuellen Erlebnisses als schmerzhaft, aber dennoch erfüllend, was unrealistische Erwartungen und falsche Vorstellungen von Sexualität fördert.

…ich bis heiß,
…abus oder Kinks

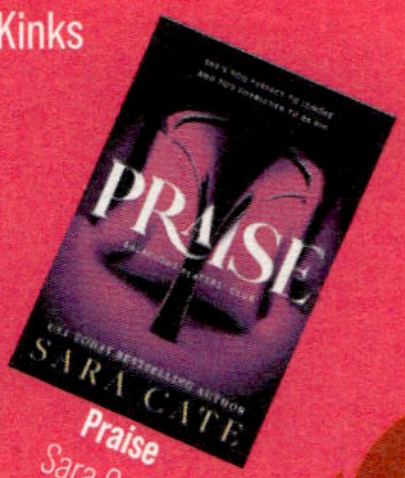

Praise
Sara Cate

…nce
… Douglas

Adult Perceptions of Consent and Boundaries, University of Northern Colorado 2024, S. S. 60–63, 67, auf: digscholarship.unco.edu.

Vorurteil von 1813 galt lange als seichte Unterhaltung – ein klug geschriebener, aber banaler Heiratsroman. Dabei war Austens Werk ein früher Prototyp der heutigen Romance. Wiederkehrende Erzählmuster, sogenannte Tropes, wie »Enemies to Lovers«, »Grumpy meets Sunshine« und der klassische »Marriage Plot« sind hier angelegt, immer mit scharfem Blick auf gesellschaftliche Machtverhältnisse.

Ein Jahrhundert später veröffentlichte Anne Desclos ihren Erotikroman *Die Geschichte der O* (1954) anonym. Ihr männlich anmutendes Pseudonym »Pauline Réage« war Tarnung – nicht aus Scham, sondern aus Selbstschutz. Eine Frau, die offen über Begehren, Macht und Unterwerfung schrieb, war damals unvorstellbar – heute sind Desclos' Themen klassische Dark Romance.

Doch die damalige Veröffentlichung war ein kalkulierter Akt: Desclos schrieb den Roman für ihren Geliebten Jean Paulhan – als Beweis, dass eine Frau ebenso kraftvoll schreiben konnte wie ein Mann. Vielleicht sogar besser. Der Text übernimmt patriarchale Erzählmuster, um sie neu zu besetzen. Bis heute streiten Feminist:innen, ob das Buch Tabubruch oder Reproduktion patriarchaler Gewalt ist. Sicher ist nur: Der Roman wurde ein Meilenstein und zeigt, wie weibliches Begehren zur Projektionsfläche literarischer Debatten wird.

dass sie sich durch meine Figuren getraut haben, sich zu outen. Dieses Gefühl, mit den eigenen Emotionen nicht allein zu sein, ist so wichtig!«, erzählt uns Bestsellerautorin Inka Lindberg.[5]

Oft sind es auch Heldinnen, die zunächst unabhängig und karriereorientiert sind, bevor sie in romantische Strukturen zurückkehren. Diese postfeministische Wende offenbart eine zentrale Spannung: Romance erzählt vom Ringen um weibliche Identität und Selbstbestimmung im Kontext patriarchaler Erwartungen – und ist damit politischer, als viele denken. »Wir setzen bewusst ein Zeichen in der Literatur, um jungen Autorinnen Mut zu machen und Frauen eine Stimme zu geben«, sagen die drei Gründerinnen von *eda* – einer Autorinnenmarke, die Solidarität zwischen Frauen ins Zentrum ihrer Geschichten stellt.

die Spannung zwischen weiblicher Selbstermächtigung und patriarchalen Fantasien auf die Spitze getrieben. Was nach Befreiung aussieht, entpuppt sich als literarisierter Machtverlust. Tropes wie Bully Romance, Possessive Love oder Captive Romance zeigen Machtungleichgewichte, die oft unkritisch bleiben – oder sogar als erotisch gefeiert werden.

»Es geht nicht nur um toxische Beziehungen, sondern um die Verharmlosung oder Romantisierung von Gewalt gegen Frauen«, berichtet uns Booktokerin »okaychiara« per Mail.[7] Sie veröffentlicht dazu selbst immer wieder Videos und erzählt, dass gerade junge Leser:innen, die über Tiktok niedrigschwellig mit solchen Inhalten in Kontakt kommen, in ihren Wahrnehmungen von Beziehung und Konsens geprägt werden. Dies bestätigt eine Studie der University of Northern Colorado.[8] In einhundert Booktok-Videos und 1.500 Kommentaren analysierten die Autor:innen den Einfluss von Dark Romance auf Jugendliche und junge Erwachsene. Das Ergebnis: Problematische Beziehungsmuster werden nicht nur konsumiert, sondern zunehmend normalisiert. Viele junge Leser:innen berichten von einer veränderten Sicht auf Konsens – Fiktion und Realität verschwimmen. Auch das gehört zur politischen Brisanz des Genres: Romance verhandelt zentrale gesellschaftliche Fragen – und ruft damit Verantwortung auf den Plan. Leser:innen gestalten aktiv mit, was als relevant und erzählenswert gilt. Romance ist damit nicht nur Spiegel gesellschaftlicher Veränderung – sie ist Motor. Ein Genre zwischen Intimität und Empowerment, das Machtverhältnisse hinterfragt und neue Narrative schafft.

SPICE-SKALA/CHILI-SKALA

mit Beispielen

TOP 100 NEW-

des deutschsprachigen Raumes, nach

Mit dem Ausrufezeichen markierte Bücher enthalten nach Einschätzung der Redaktion **problematische Tropes.**
Mehr dazu auf Seite 5

Platzierung · verkaufte Anzahl · Titel · Autor:in · ankreuzen, wenn gelesen

1 557.985

Verity
Colleen Hoover

2 398.824

Save Me
Mona Kasten

3 386.170

Icebreaker
Hannah Grace

4 312.759

It Ends With Us
Colleen Hoover

5 300.411

Save You
Mona Kasten

11 234.890

12 203.387

13 202.217

14 175.850

15 167.782

Skogen Dynasty
Carolin Wahl

Verliere mich. Nicht.
Laura Kneidl

New Horizons
Lilly Lucas

New Chances
Lilly Lucas

House of Eternity
Marah Woolf

81 45.027

Too Late - Wenn Nein sagen zur tödlichen Gefahr wird
Colleen Hoover

82 44.121

Someone New
Laura Kneidl

83 44.099

Vielleicht irgendwann
Carolin Wahl

84 42.642

Regenglanz
Anya Omah

85 42.640

The Deal - Reine Verhandlungssache
Elle Kennedy

91 41.538

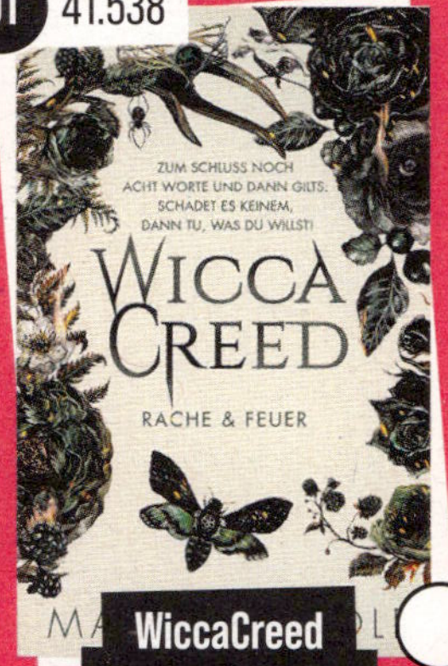

WiccaCreed Rache & Feuer
Marah Woolf

92 41.135

Two Lives to Rise
Kristina Moninger

93 40.417

Vengeance
Ruby Braun

94 40.250

It Starts with Us
Colleen Hoover

95 40.094

Catching Beauty
J. S. Wonda

Schnell geschrieben, gut verkauft

New Adult ist derzeit das am stärksten wachsende Buchgenre. Das sorgt in der Branche für steigende Umsätze – beeinflusst aber gleichzeitig auch, wie Bücher geschrieben und veröffentlicht werden.

Auf der Frankfurter Buchmesse 2024 fehlte Platz. Wegen der großen Nachfrage im Genre »New Adult« richtete die Messe eine zusätzliche Halle mit 8.000 Quadratmetern ein. »Wir greifen neue Entwicklungen des Marktes auf«, so Messedirektor Juergen Boos.[1] Pastelltöne und Glitzer dominierten die Ausstellungsfläche und lange Schlangen mit jungem, weiblichem Publikum vor den Verkaufstischen zeigten: In der Verlagswelt hat sich in den letzten Jahren viel verändert. Der Markt für Bücher, die sich an junge Erwachsene richten und Liebe, Freundschaft und Selbstfindung thematisieren, explodiert – kein anderes Genre boomt derzeit so stark.[2]

DER LYX-EFFEKT

Entsprechend haben viele große Verlage inzwischen eigene Tochterverlage aufgebaut, die ausschließlich auf dieses Segment spezialisiert sind. So zum Beispiel der Münchner Piper-Verlag, der 2022 die Tochter *Everlove* gründete, oder das Verlagshaus Rowohlt mit *Kyss*. Besonders bekannt ist *Lyx*, ein Unterverlag von Bastei Lübbe. Die Autorin Mona Kasten veröffentlichte 2018 hier den ersten Band der *Maxton Hall*-Trilogie. Die Reihe hatte bereits 2022 eine Gesamtauflage von über 1,5 Millionen Exemplaren und diente als Vorlage für die gleichnamige Streamingserie.[3] Die Ausstrahlung kurbelte die Verkaufszahlen der Bücher an, sodass Bastei Lübbe im ersten Halbjahr 2024 seinen Gesamtumsatz im Vergleich zum Vorjahreszeitraum um knapp elf Prozent steigern konnte. Das *Börsenblatt*, das Fachmagazin der Buchbranche, bezeichnete diesen Trend als »Lyx-Effekt«.[4] Inzwischen tragen Lyx und weitere Tochterverlage 42 Prozent zum Gesamtumsatz des Unternehmens bei.[5]

Dem Handel beschert der Boom von New Adult also erhöhte Verkaufszahlen. Das Genre spricht junge Leute an – eine Zielgruppe, die bislang wenig erreicht wurde. Karin Schmidt-Friderichs, Vorstandsmitglied des Börsenvereins, fasst das so zusammen: »Während bislang eher die ältere Zielgruppe als die sichere Bank des Buchmarkts galt, beflügeln aktuell die jungen Leserinnen und Leser das Buchgeschäft.«[6] Besonders Frauen sind der Grund für den Wachstumstrend: New-Adult-Leser:innen sind zu 98 Prozent weiblich.[7] Und so verzeichnet nicht nur Bastei Lübbe Zuwächse, sondern die gesamte Buchbranche: Die Umsätze lagen im Jahr 2024 leicht über dem Vorjahr und pendeln sich auf einem Niveau ein, das dem Rekordjahr des Buchhandels im Jahr 2010 nahekommt. Und das maßgeblich wegen des Hypes um die pastellfarbenen Romane.[8] Stefanie Werk, Programmleiterin bei Rütten & Loening, der New-Adult-Tochter des Aufbau-Verlags, schätzt, dass die Zielgruppe von New Adult bis zu 30 Prozent der Leserschaft ausmacht.[9]

MIT 31 SCHON 18 BÜCHER VERÖFFENTLICHT

Besonders lukrativ für die Verlage ist, dass die Autor:innen die nächsten Teile einer Reihe meist recht schnell hintereinander »liefern« – die Inhalte ähneln sich. Oft geht es um die klassische Liebesgeschichte: Eine junge Frau trifft einen jungen Mann und sie verlieben sich ineinander. In leicht abgewandelter Form entstehen so in kurzer Zeit zahlreiche Romane. So schreibt beispielsweise die Lyx-Autorin Annabelle Stehl drei Bücher pro Jahr, mit Anfang dreißig hat sie bereits 18 Romane veröffentlicht.[10] Für viele Verlage ist das New-Adult-Segment ein Goldesel, so der Literaturwissenschaftler Christian Lenz: »Da kann man halt sehr schnell sehr viel Absatz machen und das ist natürlich für Verlage fantastisch.«[11] Ein weiterer Vorteil: Viele Titel erscheinen als Reihe, was die langfristige Bindung der Leser:innen fördert. Die neuen Bände kommen typischerweise in kurzen Abständen, meist alle vier bis sechs Monate, auf den Markt. Das unterscheide New Adult von anderen Genres, so die Schriftstellerin Sarah Sprinz. Für die Autor:innen bedeutet diese »krasse Schnelllebigkeit« allerdings auch Druck.[12]

Und noch etwas ist bei New Adult anders als in den meisten anderen Genres: Der intensive Austausch zwischen den Autor:innen und den Lesenden. Hierauf reagieren Verlage mit neuen Veranstaltungsformen. So wirbt etwa Lyx auf seiner Homepage mit der Chance auf »exklusive Meet and Greets mit deinen Lieblingsautor:innen«.[13] Auf »Pop up«-Tourneen durch deutsche Städte können Fans die Schriftsteller:innen treffen und sich mit ihnen austauschen.[14] Pipers New-Adult-Tochter Everlove lädt zum »Everlove-Ball« ein, bei dem die Fans in eleganter Garderobe auf einer Burg Autor:innen treffen.[15] Verlage wie Lyx werden darum auch als »Community-getrieben« bezeichnet. Was jedoch wie Nähe zur Leserschaft erscheint, folgt einer verkaufsstrategischen Logik: Die Erwartungen und Wünsche der Fans werden von den Autor:innen aufgegriffen. Es wird also das geschrieben, was die Leser:innen möchten – was auf Tiktok trendet, wird aufgegriffen, um die Reichweite zu maximieren. Verlage suchen dann genau die Schriftsteller:innen aus, die den Trend bedienen können.[16] Simon Decot, Programmvorstand von Bastei Lübbe, beschrieb dies gegenüber dem Börsenblatt: »Wir stehen mit unseren Communitys laufend im Austausch und lernen daher die jeweiligen Bedürfnisse und Erwartungen kennen, die wir dann entsprechend passgenau bedienen können.«[17]

IMPRESSUM

Katapult-Magazin gGmbH,
Wilhelm-Holtz-Straße 9, 17489 Greifswald
knicker@katapult-magazin.de

GESCHÄFTSFÜHRUNG
Benjamin Fredrich, V.i.S.d.P.

REDAKTION
Philipp Bauer (Lektorat), Jonathan Dehn (Layout), Jan Erikson, Sarah Lippasson, Stefanie Malleier, Carolin Reif & Cornelia Schimek (Redaktion), Alexander Fürniß (Doku)

25 MILLIONEN VERKAUFTE BÜCHER WEGEN BOOKTOK

Ermöglicht wird der Austausch neben Pop-up-Tourneen und Lesungen vor allem durch Social Media. Auch das Marketing findet größtenteils dort statt. Besonders wichtig ist Tiktok, wo die Autor:innen oder Influencer:innen unter dem Hashtag *#BookTok* für die Bücher werben. Mittlerweile gibt es sogar eine eigene Booktok-Bestsellerliste, die der Börsenverein veröffentlicht – ähnlich der *Spiegel*-Bestsellerliste. Daten von Branchenvertretern zeigen die Relevanz für das Genre: Fast jeder fünfte Euro, den 16- bis 29-Jährige für Bücher ausgeben, geht auf eine Empfehlung in den Sozialen Netzwerken zurück.[18] Die Verbreitung über Social Media hat zur Folge, dass die Optik der Bücher eine zentrale Rolle spielt. Besonders beliebt: Stanzungen, Glitzer und Farbschnitt – wenn das Papier außen also bunt oder gemustert ist.

DURCH NEW ADULT ZU DEN KLASSIKERN?

Aktuell gibt es keine Anzeichen dafür, dass der Hype um New Adult abnimmt. Im Gegenteil, die Buchbranche geht von einem weiteren Wachstum des Genres aus. Unbestritten also, dass New Adult für die Verlage bei einer generell schwierigen Marktlage wichtig für das Überleben ist. Doch bleiben die New-Adult-Leser:innen dem Lesen treu und stabilisieren so auch langfristig die Buchbranche? Anders formuliert: Ist New Adult der Einstieg in klassische Belletristik?

Karin Schmidt-Friderichs vom Börsenverein ist zuversichtlich: Die Leser:innen »springen auch in das eher feuilletonistische Lesen über«.[19] Sie sieht auch kein Problem darin, dass New Adult thematisch begrenzt ist. Als junge Frau habe sie auch andere Inhalte als heute bevorzugt, das ändere sich mit der Zeit. Auch Stefanie Werk von Rütten & Loening sieht große Chancen. Hoffnung mache ihr zum Beispiel der Tiktok-Hype um das Buch *Das Lied des Achill* von Madeline Miller, das viel mehr zur klassischen Belletristik zählt. Wichtig könnten außerdem Romane sein, die eine Schnittstelle zwischen Belletristik und New Adult bilden – beispielsweise die Erfolgstitel *22 Bahnen* und *Windstärke 17* von Caroline Wahl. Sie zählen zur Belletristik, das Alter der Protagonist:innen sowie die Inhalte erinnern aber stark an gängige New-Adult-Literatur. Auch aufseiten der Schriftsteller:innen gibt es eine Entwicklung. Die Autorin Bianca Iosivoni beispielsweise sagt, dass sie aus dem Genre herauswachse und Neues ausprobiere.[20] Für den Buchmarkt wäre es sicher sehr gut, wenn auch ihre Fans mitwachsen.

CORNELIA SCHIMEK

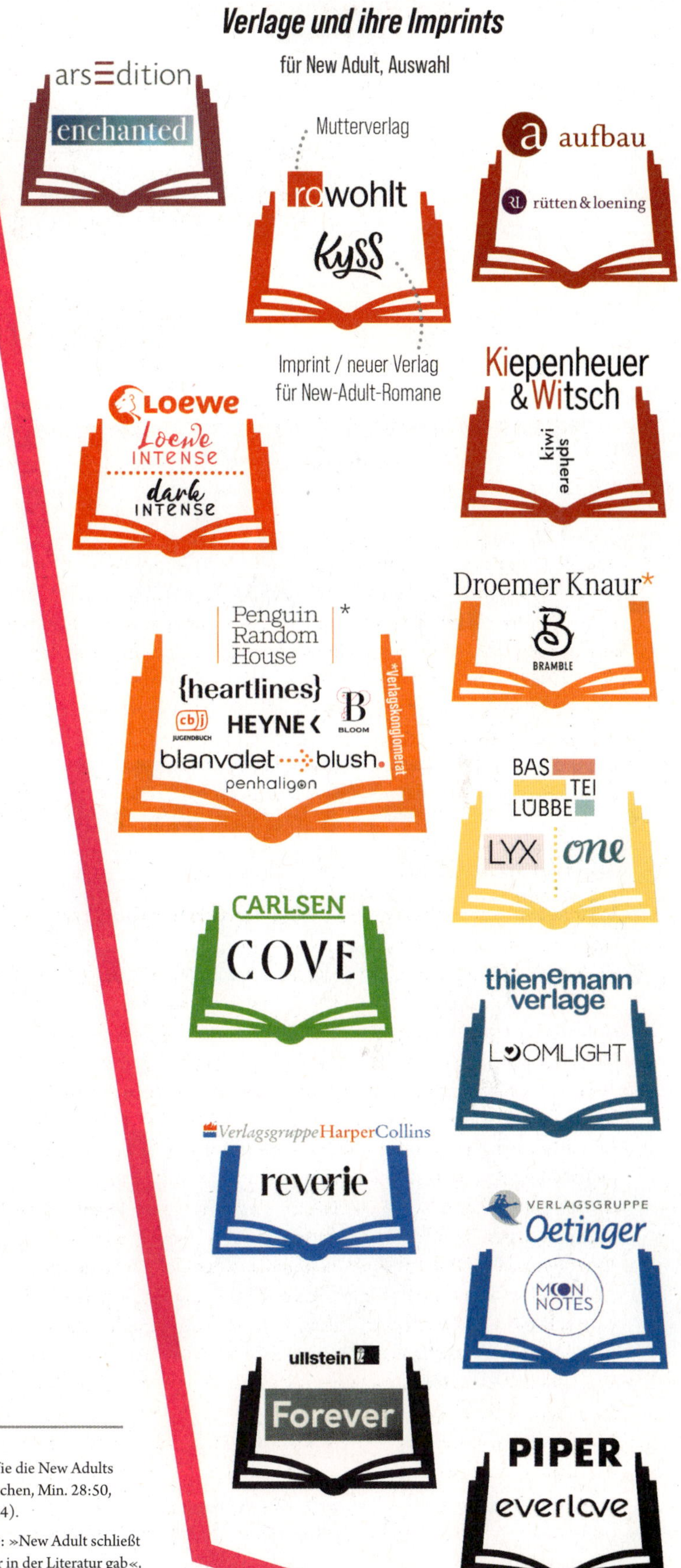

(1) DPA (Hg.): »New Adult« – Junge Leserinnen beflügeln die Buchbranche, auf: zeit.de (17.10.2024).

(2) Bartlitz, Joscha: »New Adult«: Junge Leser sorgen für Aufschwung, auf: tagesschau.de (17.10.2024).

(3) Bastei Lübbe (Hg.): »Save Me« von Mona Kasten erscheint 2023 als Amazon-Serie, auf: unternehmen.bastei-luebbe.de (4.7.2022).

(4) Börsenblatt (Hg.): Der Lyx-Effekt: Bastei Lübbe hebt Jahresprognose an, auf: boersenblatt.net (7.11.2024).

(5) DPA (Hg.): Lovestorys für junge Leute: Buchverlag Bastei Lübbe legt zu, auf: zeit.de (7.11.2024).

(6) DPA 17.10.2024.

(7) Richter, Andrea: Spicy Sexszenen und sanfte Romantik: Wie arbeitet eine New-Adult-Autorin?, Min. 2:39-2:41, auf: ndr.de (26.3.2025).

(8) Schluttig, Dorothea: Wie die New Adults den Buchmarkt aufmischen, auf: wdr.de (16.10.2024).

(9) Bayern 2 (Hg.): All about Romance: Rettet New Adult den Buchmarkt?, Min. 6:30, auf: ardaudiothek.de (15.11.2024).

(10) Richter 2025.

(11) Scheel, Oliver: Wie die New Adults den Buchmarkt aufmischen, Min. 28:50, auf: wdr.de (16.10.2024).

(12) Vorherr, Charline: »New Adult schließt die Lücke, die es bisher in der Literatur gab«, auf: boersenblatt.net (26.10.2023).

(13) Lyx (Hg.): Veranstaltungen bei Lyx, auf: lyx-verlag.de.

(14) Börsenblatt (Hg.): »Lyx Pop-up-Tour geht in die zweite Runde«, auf: boersenblatt.net (17.10.2023).

(15) @everlove.verlag: Beitrag vom 10.3.2025, auf: instagram.com.

(16) Bayern 2 2024, Min. 17:45.

(17) Van Endert, Sabine: »Wir kennen die Erwartungen der Communitys«, auf: boersenblatt.net (31.7.2024).

(18) Börsenverein des Deutschen Buchhandels (Hg.): Junge Zielgruppen im Buchmarkt 2023, auf: boersenverein.de.

(19) DPA 17.10.2024.- Schmidt-Friedrichs sieht ebenfalls bei den Genres »Young Adult« und »Romantasy« dieses Potenzial, die auf einer emotionalen Ebene und mit expliziten Szenen »New Adult« ähneln.

(20) Bayern 2 2024, Min. 18:30.

Farbschnitt, Spice und Bad Boys – Revolution in der Buchbranche

Vor wenigen Jahren galt das Buch als Auslaufmodell, nur eine Minderheit der Jugendlichen las regelmäßig. Professor:innen klagten über schwindende Lesefähigkeit, die Stiftung Lesen sagte die Krise des Buches voraus. Dann kam ein Genre, das niemand ernst nahm, und krempelte den Literaturbetrieb um: Romance. Doch seine Geschichten erzählen nicht nur von der Liebe – sondern auch von der Ungleichheit im Literaturbetrieb.

Die Buchbranche erlebt gerade ihr Comeback, aber ganz anders als von vielen erwartet. Vor wenigen Jahren noch als Nischenkitsch belächelt, hat sich Romance zum stärksten Wachstumsmarkt der Branche entwickelt.[1] Den Trend bestimmen die Sozialen Medien, nicht mehr das Feuilleton.

Doch während das Genre in Geschäftsberichten gefeiert wird, bleiben Romance-Autor:innen in den klassischen Medien nahezu unsichtbar: keine Interviews bei *Druckfrisch*, keine Einladungen zur *SWR*-Bestenliste, keine Nominierungen für große Literaturpreise. Weshalb bekommt gerade diese gehypte Gattung so wenig Anerkennung? Häufig sind es männliche Kritiker, die Romance-Bücher gerne als »Kitsch« abtun, das Genre als »gefährlich« und »sexistisch« bezeichnen.[2] Besonders das Subgenre Dark Romance gilt dabei oft als Beleg – zu Recht. Ursprünglich entstanden, um dem Bösewicht eine Bühne zu geben, inszeniert es heute häufig toxische Beziehungsmuster, in denen Machtgefälle erotisiert und moralische Grauzonen ausgekostet werden – nicht immer kritisch gerahmt.[3] Die berechtigte Kritik an einzelnen Erzählmustern schlägt jedoch oft in eine generelle Abwertung um.

Die Schieflage in der Betrachtung, nach der Bücher von Frauen für Frauen abgewertet werden, ist historisch gewachsen. Schon in der Aufklärung standen Vernunft als »männliche« und Gefühl als »weibliche« Zuordnungen in einem hierarchischen Verhältnis. Wer Liebesromane schrieb – vor allem als Frau –, wurde in der Literaturgeschichte seit jeher belächelt und aus dem Kanon gedrängt.

Jane Austen etwa gilt heute als literarisches Genie. Ihre

Und dann wäre da noch Rosamunde Pilcher – die Königin der »Herzkino«-Literatur. Romane wie *Die Muschelsucher* von 1987 wurden millionenfach verkauft, in über 30 Sprachen übersetzt – und vom ZDF zur Dauerware verarbeitet. Doch während ihre Geschichten weltweit berühren, sind sie für das Feuilleton bis heute seichte Kost. Pilchers Figuren gelten als konventionell, obwohl sie vom Altern, von Verlust, Selbstbestimmung und Generationentrauma erzählen.

Die Kulturwissenschaftlerin Barbara Fuchs bringt es auf den Punkt: populäre Liebesliteratur werde systematisch abgewertet, sobald sie weiblich konnotiert und erfolgreich ist.[4] Genau das erleben Romance-Autorinnen bis heute: Platz eins der Bestsellerlisten – und trotzdem in der Literaturkritik unsichtbar.

ROMANCE IST FEMINISTISCHER ALS IHR RUF

Romance ist längst auch feministische Ausdrucksform. Viele Autorinnen unterwandern patriarchale Normen mit sexpositiven Narrativen, starken weiblichen Figuren und gesellschaftlichen Tabuthemen wie mentaler Gesundheit und Queerness. Die Romane sind zunehmend divers, intersektional und realitätsnah. Autor:innen wie Casey McQuiston oder Inka Lindberg schaffen Charaktere, die unter Angststörungen leiden, neurodivergent sind oder sich außerhalb klassischer Geschlechternormen bewegen – und dennoch ein Happy End bekommen.

WER ROMANCE VERACHTET, HAT EIN PROBLEM MIT FRAUEN

»Es gibt eine neue Sozialfigur, die (…) der jungen Leserin. Sie hat kein Mandat und doch ist sie zu einer bestimmenden Größe für die Buchbranche geworden, sie verfügt über keine Ressourcen und doch investieren Verlage in ihre Lektüren und gründen Imprints. Sie hat nicht die erwarteten Geschichten und doch ermächtigen gerade diese Geschichten die junge Leserin«, schreibt uns Gerhard Lauer, Mainzer Professor für Buchwissenschaft.[6] Was diese junge Leserin liest, wird gekauft. Was sie liebt, wird Bestseller.

Viral gehen Romance-Titel vor allem bei Booktok, der Buch-Community auf Tiktok. Dort ist Romance nicht nur zur sichtbarsten literarischen Gattung geworden, sondern hat auch verändert, wie über Literatur gesprochen wird: visuell, emotional, direkt. Die Inszenierung von Büchern durch verzierte Buchrücken, sogenannte Farbschnitte, Playlists und Videoblogs zum Thema Lesen ist längst Teil der Rezeption. Neue Bewertungskriterien entstehen, die auf Emotionalität und Selbstermächtigung setzen – nicht auf formale Strenge oder elitäre Abgrenzung. Gleichzeitig wehrt sich die Community gegen die Abwertung ihrer Inhalte. Der Vorwurf, Romance sei kitschig, wiederholend oder formelhaft, wird als klassistisches und frauenfeindliches Missverständnis zurückgewiesen. Gefühl und literarische Qualität, so das Gegenargument, schließen sich nicht aus – im Gegenteil.

Und trotzdem zeigt sich im Genre auch eine problemati…

(1) Börsenblatt-Redaktion: #BookTok sorgt für über 25 Millionen verkaufte Bücher, auf: boersenblatt.net (27.3.2025)

(2) Schniederjann, Nils: »Dark Romance auf der Buchmesse«, auf: deutschlandfunkkultur.de (27.3.2025) / Konnelli, Anna: New Adult ist das neue Dark in Romance, auf: instagram.com (24.10.2024) / Scheck, Denis: Druckfrisch: Denis Scheck kommentiert die Top Ten Belletristik, auf: ardmediathek.de (13.4.2025) / Schölzel, Marina: Fourth-Wing-Serie: Lieber Herr Scheck, darum lese ich »den größten Scheiß zwischen zwei Buchdeckeln«, auf: suedkurier.de (1.3.2025) / Platthaus, Andreas: Buchmesse Frankfurt: Gute Luft, aber schlechte Stimmung, auf: faz.net (18.10.2024).

(3) Morrow, Suzie: Anti-Hero Romance: An In-Depth Genre Guide, auf: seacrowbooks.com (21.05.2024).

(4) Fuchs, Barbara: Romance, New York 2004.

(5) E-Mail von Inka Lindberg vom 5.5.2025.

(6) E-Mail von Gerhard Lauer vom 5.5.2025.

(7) E-Mail von Booktokerin »okaychiara« vom 5.5.2025.

(8) Fortune, Teagan Bailey, Rape Beyond Fantasy: Exploring the

ÜBERSICHT GENRES UND SUBGENRES

Auswahl

Young Adult
wird oft nur Romance zugeschrieben, beschreibt aber eine Altersausrichtung von Jugendbüchern von 16 bis 20 Jahren, etwa auch Fantasy, Dystopie, ...
Protagonist:innen sind ebenfalls in diesem Alter
Themen: Selbstfindung, Problembewältigung, Freundschaft, Liebe, Familie, Werte und Moral, Sexualität und Peer Pressure
dieses Genre zieht durch seine Leichtigkeit auch Leser:innen weit über 25 an Romantasy: Autor:innen sind tatsächlich oft weiblich und älter (circa 35-45). Wenig bis gar nicht spicy aufgrund des Altersdurchschnitts

New Adult
etwa 18-35 jährige Altersgruppe, Romance mit erwachsenerem und realem Setting, zum Beispiel im akademischen oder Arbeitsumfeld
Themen: Liebe, Karriere, Freundschaft, Persönlichkeitsentwicklung, Probleme des Erwachsenwerdens, Übergang von Jugend zu Erwachsenwerden neue Entwicklung: enthält oft Spice*, während Romance auch ohne funktionieren kann. Greift oft Klischées und Rollenbilder auf, um sie in der neuen Generation neu zu definieren.
viele psychologische Themen rund um mentale Gesundheit

***Spice:** Bezieht sich auf den Grad an Erotik oder sexueller Explizitheit in einer Geschichte – je mehr »Spice«, desto heißer und detaillierter sind die Szenen.

Romantasy
Romance mit Fantasy gemischt
Love Interest ist in vielen Fällen ein mystisches Wesen
Konflikt zwischen verschiedenen Rassen (Menschen und Engel/Fae/Dämonen ...)
oft kommt »Retteraspekt« dazu
Fantasy und Liebesgeschichte haben gleichen Anteil

High Society/Royal Romance
Romance, die *Gossip Girl* ähnelt
rich x poor, Klassengesellschaft wird kritisiert, meist unterschiedlich bei den love interests
wird viel mit Suspense/Mystery verbunden
viele Unterkategorien, die ins Dark Romance führen können: Billionaire, Bodyguard, ...

Cozy/Kleinstadt-Romance
verfolgt oft einen typischen dramaturgischen Bogen
»süße« Geschichten, haben oft kitschige Elemente
das Paar findet durch Kommunikation und Verständnis aus seinem Konflikt heraus
spielt oft in einem gemütlichen, ansehnlichen Setting, häufig mit Natur verbunden
lebensnahe Themen

Forbidden/Cursed Love/Starcrossed Lovers
durch Feindschaft der Spezies/Königreiche/Welten und so weiter dürfen die love interests nicht zusammen sein, vermeintlich keine Gemeinsamkeiten,
Liebe ist unverhofft, entgegen der Meinungen der Völker/Reiche/Familien hegen sie Gefühle füreinander und verstecken die Beziehung vorerst, manchmal von einem Fluch belegt, der es ihnen verbietet, zusammen zu sein. Lösung suchen/Fluch brechen
zum Beispiel Romantasy

Dark Romance
düstere, sexy Romance, explizit und nicht »vanilla«*
Oft mit Kriminalität verbunden: Mafia, Milliardär, mehr als klassische »Bad Boys«
Achtung: teilweise gewaltverherrlichend und auch explizite (sexuelle) Verbrechen
Handlungsstrang sehr fokussiert auf das »Liebespaar«

Sports Romance
Spielt in einem (elitären) Sportumfeld – Sportuniversität, renommierter Verein, ...
Romance geht mit Trainingseinheiten, Turnieren, Meisterschaften oder Ähnlichem einher
Beschreibung der sportlichen Aktivitäten, die authentisch auch die Beziehung begleiten
beliebte Themen sind unübliche Sportarten wie Fechten, Ballett, Eiskunstlauf, Hockey ...

Romantic Suspense
Mystery/Crime meets Romance. Verbrechen wie Stalking, Mord, Betrug oder ähnliche werden neben der Liebesgeschichte ermittelt erhöhte Spannung und Intrigen.
Wurde nach Corona wirklich zum Trend, mittlerweile sehr gefragt
Crime/Thrill/Mystery und Liebesgeschichte haben einen gleichen Anteil

Dystopisch
hierbei ist das Setting entscheidend: Dystopian Romance spielt in einer Gegenwart/Zukunft, die politische/wirtschaftliche/soziale/gesellschaftliche Missständeaufweist und Unterdrückung/Hass/Kriminalität/Krieg. Protagonist:innen sind meist Teil einer Gruppe, die sich gegen das System auflehnen und es verändern wollen

Holiday Romance
Urlaubsflirt/One Night Stand/Bekanntschaft auf Reisen mit Folgen, etwa Streit am Flughafen und dann nebeneinander im Flieger sitzen forced proximity durch Schwierigkeiten bei der Reise oder Planung oft im klassischen Sinne von Romance, Rom Com, Cozy ...

Historische Romance
Setting in der Vergangenheit, alle möglichen Geschichtspunkte möglich.
kann Zeitreisen oder den Trope »Chosen One« beinhalten.
nicht zu verwechseln mit Fantasy, das in mittelalterlichen Settings spielt.
Historische Romance ist realitätsnah

Modern Retelling
wird im Romantasy gern verwendet
Mythologische/märchenhafte Figuren in moderner Erzählung oder mit Abwandlung und mehr Spice beliebt sind zum Beispiel Hades und Persephone, die Schöne und das Biest, ...
Kann in der Antike oder Ähnlichem spielen oder komplett in unserer Welt zu unserer Zeit

***vanilla:** Steht für »klassische«, eher zarte oder romantische Liebesszenen ohne explizite oder ausgefallene sexuelle Inhalte.

ROMANCE IST DAS MEISTVERKAUFTE, MEISTVERACHTETE GENRE DER WELT

Spiegel-Bestseller-Autorinnen wie Mona Kasten, Sarah Sprinz und Colleen Hoover verkaufen Millionen Bücher, bleiben aber in den großen Literaturdebatten unsichtbar. Ihre Werke tauchen im Feuilleton kaum auf, renommierte Literaturpreise bleiben ihnen verwehrt. Der Delia-Literaturpreis, der einzige, der explizit Romane über »Junge Liebe« auszeichnet, ist mit gerade einmal 1.500 Euro dotiert – im Vergleich zu anderen Literaturpreisen eine verschwindend geringe Summe.

Auch die Zahlen sprechen eine klare Sprache: Eine Studie der Universität Rostock zeigt, dass in 69 erfolgreichen Print- und Onlinemedien 64 Prozent der besprochenen Bücher von Männern stammen. In den Feuilletons von *FAZ, NZZ* oder *Welt* liegt der Männeranteil sogar bei über 70 Prozent. Und männliche Kritiker rezensieren zu rund 74 Prozent Werke anderer Männer.

In einem Literaturbetrieb, in dem männliche Perspektiven dominieren, gelten die Erfahrungen und Geschichten von Frauen bis heute nicht als ernsthafte kulturelle Ausdrucksformen. Doch genau darin liegt die Kraft dieses Genres. Es zeigt, wie tief Literatur in gesellschaftliche Aushandlungsprozesse ... allem durch gelebte Relevanz. Romance verän-

TOP 10 TROPES

Tropes sind wiedererkennbare erzählerische Muster oder Beziehungskonstellationen. Leser:innen lieben sie, weil sie emotionale Orientierung bieten: »Ich weiß, was mich erwartet – und genau das will ich lesen.« Tropes sind Marketingtool, Sortierhilfe und Verkaufsargument. Sie werden prominent auf Covern, in Klappentexten und in Tiktok-Videos kommuniziert. Verlage und Buchhandlungen nutzen sie für Sortierung, Aufsteller oder Social-Media-Promotion. Hier eine Auswahl der beliebtesten Tropes

1. Enemies to Lovers
Aus anfänglicher Abneigung entwickelt sich eine leidenschaftliche Beziehung.
Spannung entsteht durch Konfrontation, Schlagabtausch und starke Gefühle.
Extrem beliebt bei Tiktok, besonders in Dark Romance & New Adult.
Beispiel: *Maxton Hall* von Mona Kasten

2. Fake Dating
Zwei Figuren geben vor, ein Paar zu sein – zum Beispiel um Familie, Medien oder Ex-Freunde zu täuschen. Natürlich entwickelt sich dabei echte

3. Grumpy x Sunshine
Miesepetriger, wortkarger Charakter trifft auf lebensfrohe, optimistische Figur. Die Gegensätze sorgen für emotionale Reibung und Entwicklung. Besonders beliebt bei Leser:innen,

NETZPHÄNOMEN

#BookTok

Durch die Sozialen Netzwerke entdecken immer mehr Menschen Bücher. Ist das ein nachhaltiger Trend?

Als eine der bekanntesten Literaturinfluencerinnen hat Elke Heidenreich schon seit den Siebzigern einem großen Publikum unterschiedliche Bücher ans Herz gelegt. Manchen Autor:innen hat sie so zu einer Karriere verholfen. Während auch weiterhin Fernsehsendungen wie der *Literaturclub* als Inspiration für neue Leseabenteuer genutzt werden, sind diese Sendungen nicht mehr die einzige Quelle für Leseempfehlungen. Immer mehr Leute finden ihre Bücher auf Tiktok und Instagram.

In kurzen Clips, die meistens mit Musik hinterlegt sind, werden in kürzester Zeit einzelne oder auch mehrere Bücher vorgestellt, teils auch besprochen. Buchliebhaber kommen hier zusammen, um emotionale Reaktionen zu teilen und sich in Diskussionen über literarische Motive, Charaktere und Handlungsstränge zu vertiefen. Die gefühlsbetonten und witzigen Reaktionen auf Bücher stehen im Zentrum, weniger eine tiefgreifende Analyse der Werke. Durch sein kurzes Videoformat, das mittlerweile auch von Instagram und Youtube genutzt wird, konnte Tiktok dabei zunächst besonders viele Zuschauer:innen anlocken.[1]

Der Hashtag *#BookTok* hat eine immense Reichweite erzielt. Im Mai 2025 finden sich über 55 Millionen Beiträge unter dem Schlagwort.[2] Auch am Buchhandel geht die Entwicklung nicht spurlos vorbei. Verschiedene Buchhändler führen eigene Booktok-Bestenlisten, auf denen man die entsprechenden Bücher kaufen kann. Das Thema ist so bedeutend, das online eigene Einstiegsseiten und Shops aufgebaut wurden, die auf ein junges Publikum ausgelegt sind und nur Bücher mit Booktok-Bezug aufführen.

Die beliebtesten Genres bei Booktok sind vor allem Liebes- und Fantasyromane. Mit ihnen lässt sich ein junges Publikum für Bücher begeistern und durch die Booktok-Communitys ist ihr Absatz in den letzten Jahren merklich gewachsen.[3] Auch große Verlage wie Penguin Random House versuchen mit eigenen Booktok-Profilen, stärker mit den jungen Online-Communitys in Kontakt zu treten. Tiktok bringt gemeinsam mit der Marktforschungsfirma Media Control mittlerweile seine eigene monatliche Bestsellerliste heraus.

Die kulturelle Bedeutung von Booktok wird durch das momentan noch sehr junge Zielpublikum in den nächsten Jahren wohl weiter zunehmen. Dann wird sich zeigen, ob das zunehmende Alter der Communitys einen Einfluss darauf hat, welche Genres populär sind.[4]

JAN ERIKSON

(1) Hiltscher, Lilli-Marie: Bücher auf TikTok: Literaturempfehlungen in 30 Sekunden, auf: tagesschau.de (18.10.2023) / De Andrés, Yvonne: Die Macht von BookTok, auf: politikkultur.de (1.7.2024).

(2) #BookTok, auf: tiktok.com (Stand 27.5.2025, 11:30 Uhr).

(3) NielsenIQ (Hg.): International Book Markets 2024: Strong fiction and rising prices counter declining non-fiction sales, auf: nielseniq.com (11.3.2025).

(4) Ferdinand, Jonas; Fischer, Maria: Tanzclips zwischen Exklusion und Emanzipation, in: WZB Mitteilungen (176) 2022, S. 58-59.